POEMAS
PARA "MAS QUE VENCEDORES"

Un llamado a evangelizar

Jorge Avalos

Copyright © 2013 by Jorge Avalos

Poemas para "Mas que vencedores"
Un llamado a evangelizar

by Jorge Avalos

Printed in the United States of America

ISBN 9781628710939

All rights reserved solely by the author. The author guarantees all contents are original and do not infringe upon the legal rights of any other person or work. No part of this book may be reproduced in any form without the permission of the author. The views expressed in this book are not necessarily those of the publisher.

Unless otherwise indicated, Bible quotations are taken from the King James Version of the Bible.

www.xulonpress.com

El Libro Sagrado declara: "En el principio creó Dios los cielos y la tierra". Formar, hacer, inventar, imaginar, crear algo de la nada, así empezó todo bajo el principio divino. Felicidades Hno. Jorge por ese don extraordinario de recibir inspiración de lo alto y así hacer poesía. Convencido estoy de que cualquier don dado por Dios no es fácil expresarlo y sobre todo, causar ese efecto emotivo en la vida del lector. Sin embargo, mi hermano Jorge, con hermosos versos ha logrado hacer pensar y reflexionar a quien gusta y no de la poesía.

Escribir con propiedad es tan solo un privilegio de algunos cuantos. Orando y teniendo comunión con nuestro Buen Dios, se obtiene tanta gama de temas, temas que han quedado plasmados en tinta y papel de este manual de consejos.

Gracias hermano Jorge, por permitirme ser parte de esta bendición. Clamo a Dios, que este sea el primero de muchos hijitos que Dios te permita dar a luz. Siempre estás en mis oraciones y deseo que Dios te bendiga mucho juntamente con toda tu familia; que seguramente también son tu inspiración.

Termino con esta frase que el Señor Jesucristo le dio a Juan: "Oí una voz que desde el cielo me decía... Escribe".

Mauricio Rosales Vargas
Pastor de la iglesia "La Hermosa" Tecamac,
estado de México

SEÑOR

¿Cómo describirte
Si tu gloria sobrepasa todo entendimiento?
Tú te extiendes hasta lo infinito
Y yo estoy atrapado en este pensamiento.

Señor
¿Qué te puedo ofrecer
Si de tus manos brota la abundancia?
Solo te ofrezco mi imperfecto corazón,
Mi adoración y alabanza.

Señor,
¿Por qué me amaste
Sin yo llegarlo a merecer?
Te convertiste en el único medio
Para que no llegase a perecer.

Señor,
Ayúdame a seguirte y no mirar atrás,
A rendirme incondicionalmente a ti
Sabiendo que nunca me abandonarás.

Ayúdame Señor,
A humillarme hasta lo profundo
Y que el hombre entienda
Que tú sigues siendo
La única luz del mundo.

MI QUERIDO DADDY

Cuando estoy en tu presencia
Tu palabra me llena de gozo,
Quiero gritar, saltar, correr,
Porque estoy en tu reposo.

Te imagino sentado, bonachón y fuerte,
Con tu rostro brillante y sonriente,
Cuidando que nada le pase
A tu hijo, en su travesura inocente.

En las mañanas, me llenas de mimos.
Por las noches, me abrazas y consientes.
Si estoy cansado duermo en tu regazo.
Si me lastimo, me curas y confortas.
Si sufro, tu Palabra me anima grandemente.
Me divierto y contigo las horas son cortas.

Gracias de corazón te doy, Padre mío y amado
Que siendo tu esencia pura y perfecta
Me concediste el más grande privilegio
De haber instalado en mi corazón,
A través de Cristo, una línea directa.

MI FIEL AMANTE

Despiértame por la mañana
Con el aroma de flores de tu aliento,
Roza suavemente mi piel con tus labios
Y pregunta cómo es que me siento.

Y te diré con agradecimiento en mi voz,
Que antes de conocerte,
Tinieblas danzaban a mí alrededor.
Pero con tu luz más fuerte que el sol,
Las disipaste y me cubriste de amor.

No puedo describir el gozo
Que hay en tu compañía,
Cuando al oído me susurras:
Ven a mi, amada mia.

Los amantes mediocres del pasado
Se esfumaron como la niebla con el día.
Mi deseo insatisfecho escucho tu llamado
Y dijiste que me amabas, ¡me amas!
¡Me amas, oh, cuanta alegría!

No, no quiero de tu lado llegar a apartarme
Del abrazo de tu amor tanto anhelado.
Se en mi corazón que nunca vas a desampararme
Porque tú eres mi Dios fiel, mi Amado.
Desde lo más profundo de mí ser
Te doy las gracias Cristo, por salvarme.

AGRADECIDO
Septiembre 1987

Pensamientos de agradecimiento
Brotan de mi mente hacia el Señor
Por haberme permitido,
Después de vivir afligido,
Abrir la llave de mi corazón.

La vida me mostró nuevos caminos
Y con una sola mirada volvió la esperanza
Mi fe tomó un nuevo sentido,
Y aquello que creía perdido,
Se manifestó en plena bonanza.

Gracias por todo lo que me das
Y por cosas que ya están en el olvido.
Tratando de vivir diferente
Con tu nombre grabado en mi mente,
De ti viviré muy agradecido.

ORACION DEL PECADOR 2

Quiero tener una voz,
Una voz Hermosa
Para venirte a cantar
Y a decirte muchas cosas.

Hoy vengo ante tu altar
Y estoy arrepentido
Soy un pecador
Que a Dios siempre ha ofendido.

CORO
Hoy postrado a tus pies
Vengo arrepentido
Y te pido perdón,
Quiero que seas mi amigo.

Mira mi buen Jesús,
Mira mi necesidad
Postrado ante tu altar
Deseando tu bondad.

Señor hay tantas cosas
Que yo te quiero decir.
Cuando empiezo a orar
Se me acaban las palabras
Solo comienzo a llorar
Porque siento tu presencia.

CORO.......
Perdón por mis grandes faltas
Yo reconozco Señor
Que tú me has perdonado.
Gracias por tu bendición.
CORO...

GRACIAS PADRE

Gracias Padre amado por escucharme
cuando estoy en tu presencia
aunque no es fuerte mi paciencia
tú me entiendes sin juzgarme.

Sé que quieres probarme,
mirar a través de mi conciencia
para que pueda adquirir la experiencia
y el único camino mostrarme.

Día a día me renuevas
volviendo mi alma tranquila y mansa,
entendiendo que tú eres mí esperanza
pues todas las cosas las haces nuevas.

HABLAME SEÑOR

Oh Señor,
Escucho tu voz
Y mi corazón
Se llena de amor

Háblame
Que yo te escucharé
Y tu voluntad
Feliz llevaré.

Con solo el sonido
De tu voz
Aliento que da vida
A mi corazón
Contigo Señor
Yo fuerte soy.

Dentro de mi alma
Brota una petición
Que quiero entregarte
Escúchala por favor;
No dejes de hablarme
Porque sin ti,
Nada soy.

INQUIETUD

Todo está callado y en paz,
Ni los grillos se escuchan a esta hora
Por la ventana una estrella fugaz,
Falta mucho para que asome la aurora.

Tan bonito que estaba soñando,
No sé que causó mi despertar.
"Es el Señor que te está llamando
Que contigo quiere platicar".

Pero pones oídos sordos
A eso que estas sintiendo,
Nah, es muy temprano para eso,
Te das la vuelta y sigues durmiendo.

Es mi petición en este día, Señor,
Y me incluyo en este sentir,
Que nos des una inquietud de amor
Y no nos dejes dormir.

LA NATURALEZA ALABA A DIOS

La sombra de la noche
Todavía no se desvanece
Pero la naturaleza despierta
con un bullicio que crece y crece.

Los pajaritos alaban con gran alegría
Dando gracias a Dios por un nuevo día
Y echan competencias de mano a mano
A ver quien se come el mejor gusano.

Y el gusanito con grande temor
Sale a beber agua de rocío feliz y contento,
Agradeciendo a Dios por su grande amor
Y esperando el momento de ser alimento.

Si pones atención
Y escuchas en silencio
Los arboles susurran alabando a Dios
Cuando entre ellos cruza su amigo el viento.

Cuando el sol se asoma en el horizonte
Aun adormilado pero muy sonriente,
Da gracias a Dios y dice: "Presente,
Listo estoy para dar calor a tu gente".

El perro ladra, el gato maúlla,
La vaca muge, el lobo aúlla.
en lenguajes diferentes pero nadie calla,
cada uno a su modo a Dios alaba.

Y yo al levantarme
Alabo a Dios cada mañana.
Y ustedes hermanos,
¿Han alabado a Dios esta semana?

LLAMADO POR NOMBRE

Me decían que mirara hacia arriba
y por orgullo mantenía mi vista baja,
decían que de muerte pasaba a vida
pero respondía. "nah, eso conmigo no trabaja'.

Vivía mi vida en desorden
sin importarme nada ni nadie,
mostrando un claro desdén
por aquel que la Palabra de Dios irradie.

Pero un día, levantar mis ojos decidí
y me llevé la más grande sorpresa,
y lo que nunca había querido oír
dejó una huella en mi corazón impresa.

Al levantar la vista, mire la luz,
y al ver clavado en el madero a ese hombre,
que por mí, voluntariamente fue a la cruz,
en una gota de sangre mire mi nombre.

LLEGO EL DIA

Llegó el día
Que mis ansias de amar han sido saciadas
Y mi triunfo en Cristo es
El no mirar atrás
Y las cosas que un día lastimaron
Se perdieron en el pasado, olvidadas.

Ningún mal recuerdo ensombrece el júbilo
Que me envuelve en su abrazo tibio y protector,
Deteniendo con un escudo
Las flechas envenenadas que tratan de dañarme
Y así puedo entregarme sin reservas
En el dulce gozo del Señor.

¿Que me esperan muchas pruebas? Si,
Pero El rompe las cadenas que me atan a ella,
Y voy a vivir sin que me detenga algún temor,
Y voy a amar como nunca se supo de igual amor
Porque al fin, en todo su esplendor, brilla mi estrella.

Cristo mi Salvador.

MI AMIGO

Dios te bendiga, buen amigo,
Ha llegado la hora de hablar contigo.
No fue casualidad, ni obra del destino
Sino Dios que nos juntó en nuestro camino.

No trates de explicarte el por qué?
Así le plació a nuestro Dios.
Solo debes de entender
Que es para crecimiento de los dos.

Te pones un muro de edad
Y no sabes de donde vengo y a donde voy
Más necesitas conocer la verdad,
Que por tu propio bien, necio soy.

Te ofrezco mi mano
Y te pido perdón.
Te amo en Cristo, mi hermano,
Vivamos dentro de su amor.

¿QUIEN DICES TU QUE SOY YO?
Mt. 16:13

Es tu opinión la que me interesa
No la de los grandes pensadores de la época actual
Que hablan y actúan con tal certeza
Sin hacer ninguna distinción del bien o del mal.

No me repitas lo que otros dicen,
Sino lo que tú crees en tu corazón,
Hay quienes con la boca alaban pero dentro maldicen
Porque se les ha escapado ya la razón.

Si más que un hombre, no es suficiente,
Muchos ángeles hay en el cielo.
Entrégate a mí, ríndete completamente
Y te dejare ver lo que hay detrás del velo.

Si en verdad quieres ser mi amigo,
Vive a mi luz y actúa como tal.
Que mi relación sea cada vez contigo
Un diario descubrimiento personal.

SUPLICA

Señor;
Danos un despertador
que haga mucho ruido, eso quiero.
Que tiemblen los cimientos de tu iglesia
para ver si así despierta tu pueblo.

Llamamientos de ti no nos faltan,
algo de poesía o través de profecía,
Tú Espíritu moviéndose en tu Palabra.
Solo falta que nos pongamos en Tú sintonía.

Siervo fiel nos has puesto como guía
que por nuestra necedad pasa trago amargo.
De su amor de servirte, inyéctanos doble porción
y levántanos ya de este profundo letargo.

SUPLICAMOS

Perdónanos, Padre amado,
Por encerrarnos en nuestro pequeño mundo
Pensando y creyendo que así son los cristianos,
No queriendo salir de nuestra zona de comodidad
Para llevarte y darte a conocer
a aquellos que te necesitan.

Perdónanos, por quererte contener,
Por nuestro egoísmo humano,
Ni aun el universo lo puede hacer
Pues todo está bajo tu mano.

TRES HOMBRES

El primero era de muy buena cuna
Al que no le faltaba fortuna,
El cual al llamado de Dios
Y sin hacer preguntas
Se lanzó a la aventura.

Dios le prometió mucho
Lo cual en vida nunca lo vio,
Pero su mirada estaba al frente
Y su esperanza no desfalleció.

Del segundo poco se sabe
Pero suficiente lo que de su persona se escribió,
Dice la Biblia que el caminó con Dios
Y por eso un día desapareció
Porque Dios se lo llevó.

Al último le llamaban loco
Porque cuando Dios le hablo, él le creyó,
Y a pesar de los comentarios de la gente
A la tarea encomendada se enfocó.

Diciéndole a la gente el motivo de su arca
Las críticas y burlas las hizo a un lado,
Fue por su fe que atrajo juicio a los demás
Porque ante la bondad, el mal queda condenado.

Abraham, Enoc y Noé
Pasaron a la historia
Como hombres de gran fe.
A Dios le dieron la honra y la gloria.
¿Se llegara a decir lo mismo de usted?

UNA CAMISETA NUEVA

En nuestra sociedad
La gente se agrupa para trabajar en equipo,
Sea para algún proyecto grande o uno chico
Pero todos con un objetivo fijo.

En el ámbito espiritual hay dos
Que no pueden compartir como amigos,
Porque aquellos que no se someten a Dios,
Son declarados sus enemigos.

El enemigo ataca tu debilidad humana,
Grita y ruge como león para intimidarte,
Pero haga lo que haga, si no lo dejas, no gana.
El no tiene permiso para poder tocarte.

El, solo director técnico de su equipo es
Y el mismo se tiene que sujetar a nuestro Dueño,
El cual no califica nuestro mucho saber, sino nuestro empeño,
Pero el contrario todo lo tergiversa, lo pone al revés.

En el equipo de los buenos hay reglas estrictas,
En el de los malos, es todo lo contrario.
Pero hay algo que los dos tienen en común:
La pertenencia de sus miembros se demuestra a diario.

No se está en el equipo donde se merece,
Sino donde usted ha elegido estar.
En uno se vive y en el otro se perece
Dependiendo de lo que quiera jugar.

Y usted,
¿A qué equipo pertenece?

P.D. Luzca su camiseta con humildad.

CRISTO VIENE

Ya viene, ya viene,
Cristo ya viene.
Ya viene, ya viene
En Su poder.

Ya viene, ya viene,
Cristo ya viene.
Ya viene, ya viene,
Vamos hacia El.

Levántate hermano,
Ya no estés jugando,
Que El viene a su pueblo
Para levantarlo.

DESEO

Deseo ser conforme a tu corazón,
Tal como lo fue David.
Deseo caminar contigo tomados de la mano
Y ser arrebatado tal como lo fue Enoc.
Deseo que juntos podamos platicar y sonreír
Y de una vez por todas
Decirle al pecado NO.

Deseo que te sientas orgulloso de mí,
Así como a Job lo llegaste a amar.
Deseo ser valiente y osado
Para servirte como a David le fue Eleazar.

En un rincón del alma
No te debo guardar,
Necesito darte a conocer,
Decirle a las naciones que les amas
Y así te lleguen a alabar.

DESPIERTANOS

Señor;
Danos un despertador
Que haga mucho ruido, eso quiero,
Que tiemblen los cimientos de tu iglesia
Para ver si así despierta tu pueblo.

Llamamientos de ti no nos faltan,
Algo de poesía o a través de profecía,
Tu Espíritu moviéndose en tu Palabra
Solo falta que nos pongamos en Tu sintonía.

Siervo fiel nos has puesto como guía
Que por nuestra necedad pasa trago amargo.
De su amor de servirte, inyéctanos doble porción
Y levántanos ya de este profundo letargo.

DIOS MISERICORDIOSO

Dios en su gran misericordia y sabiduría
Nos da tiempo para venir a adorarle,
Para que lleguemos a su casa llenos de gozo y alegría
Con nuestro ser dispuesto a alabarle.

La alabanza empieza desde los atrios,
Mucho antes de llegar a su presencia.
Desgraciadamente muchas veces nuestro cuerpo está presente
Pero nuestro corazón brilla por su ausencia.

En Malaquías 3:8,
Dios habla de los que en lo económico le roban.
En Mateo 21:13,
De los que le roban el tiempo que le pertenece.

Si a su templo llegamos y no oramos,
Si su rostro no buscamos
No le damos lo que por derecho se merece.

Las cosas materiales se pueden reemplazar,
Pero el tiempo que Dios nos da para adorarle
Si lo usamos para nosotros y no para glorificarle,
A eso se le llama robar

Con un corazón humilde,
Postrados busquemos su rostro.
Aceptemos ser llenos de Su espíritu
Con nuestra alma llena de gozo,
Reconociendo que El es fiel
Y nos lleva a su reposo.

ENCUENTRO
27 de junio, 1987

Tanto buscar
En sendero equivocado
El amor y la paz
Que siempre hube soñado.

Y al fin
Mi Dios adorado
En ti encuentro
el fruto anhelado.

Si te tengo a ti
Y me quieres a mí,
Dime gran Dios,
¿Qué más puedo pedir?

Soy feliz
Y lo quiero gritar
Que Dios está conmigo
Y me da la libertad.

Que hoy, mañana y siempre
Tratando de ser mejores
Perdonando con amor
Todos nuestros errores.

Dios, Dios, mi Dios,
Ahora soy feliz
Y feliz el momento
En que vaya a Ti.

ESTUDIANTE

El empeño y la dedicación
siempre tienen su recompensa,
hay mucho respeto y admiración
a quien sabe usar la cabeza.

Poco a poco quemándose las pestañas.
Meta tras meta para alcanzar la gloria.
Y son estas pequeñas hazañas,
que al final nos llevan a la victoria.

Sigue esforzándote, continúa luchando,
vive tus sueños y grandes anhelos,
que en el camino te están esperando
el amor y la felicidad, son hermanos gemelos.

Los poetas no solo se inspiran
en la paz del agua de un lago azul.
Con denuedo buscan y suspiran
la belleza y humildad que irradias Tú.

ACTIVESE
Deuteronomio 15:15

Recuerde de donde Dios lo saco
Y haga a un lado su orgullo espiritual
Dispóngase a servir al Señor
Con una gratitud sin igual.

Bájese de las gradas,
Es hora de entrar en acción.
Entre al campo de juego
Poniendo alma y corazón.

¿No se cansa de ver?
Deje de ser espectador.
Póngase el uniforme
Sea un jugador en pleno.
¡Los laureles son para el ganador!

ANIMO

Si entendiésemos un poquito
lo que Dios tiene para nosotros
dejaríamos de jugar al cristiano
y de criticarnos unos a los otros.

Si el frio invernal nos invita
a buscar el abrigo de nuestro hogar,
porque no entendemos que la Palabra de Dios
más que vida, gozo y paz nos puede dar.

Seamos como la leña seca
para que con la chispa divina, lleguemos a arder.
Y dejemos que ese fuego vivificador,
a través de nosotros se llegue a extender.

Si de gracia recibimos,
de gracia deberíamos dar.
Si El nos amó primero
¿Por qué nos es tan difícil al prójimo amar?

CHRIST, MY COMMANDER

Don't let me go AWOL.
Don't let me grow apart.
Don't let me stay at ease.
Don't let me get relaxed.

Keep me working in Your name.
Let Your fire flow through me.
For You, we are all the same.
Let me love everybody, as You do me.

As You give me Your permission,
I am ready for the battle.
Because I worship You,
My mouth does not shut.
I will keep myself on attention,
Always ready at Your command.

At Your order,
I declare myself "present".

EL CRISTIANO DE HOY

Señor, gracias por un año más,
Perdón por ese año desperdiciado.
Fue un año colmado de buenos deseos
Pero vacio de un compromiso bien fundado.

Sé que dar a conocer tu palabra, tu amor,
Debe dar fuego a mi vivir apagado.
De piedra a carne cambiaste mi corazón
Pero tus bendiciones me mantienen muy ocupado.

Visito al vecino en un mañana que nunca llega,
Ha, pero cuando lo haga, te va a conocer!
Ni sabe lo que le espera
Si ahorita te llegara a ver.

Por hoy, año nuevo, ya es tarde,
Yawww, una siestecita pa' descansar,
Pero agárrate mundo
¡Porque mañana salgo a evangelizar!

EL PLAN SABIO DE DIOS
Efesios 3:8-13

Haremos bien en recordar
Que el propósito de Dios
es a la humanidad juntar.
Estaba en su gran plan
El llegar a nosotros
Antes de su hijo enviar.

La Palabra de Dios es un arcoíris,
Multifacética y de todos los colores
Suficiente es su luz y gracia
Para desaparecer nuestros dolores.

Cristo nos toca el corazón ya muerto,
Dándole vida a nuestra conciencia
Abriendo de par en par las puertas del cielo
Llevándonos a Dios, ante su misma presencia.

Fuimos hechos grandes al ser escogidos para una tarea
Y llevar el mensaje es lo que debemos hacer.
Y cuando prediquemos la Palabra, quitarnos de en medio
Para que la grandeza de Dios, brille con todo su poder.

Que nos importa lo que el mundo diga
Ni que tan alto nos quiera elevar,
Si mi gozo y llanto será por Cristo,
¿Qué más puedo desear?

LA MIES ES MUCHA

Entonces Jesús les dijo a sus discípulos: A la verdad la mies es mucha, mas los obreros pocos. Rogad, pues, al Señor de la mies, que envié obreros a su mies. **(Mt. 9:37-38)**

Hay un cartel en cada iglesia de Cristo que dice:
"Se solicitan obreros trabajadores para almas ganar"
Solo uno entre cien se para firme y listo,
Mientras el resto prefiere para otro lado voltear.

Se pueden hacer cadenas de oración
Argumentando que esto es suficiente.
Pero esto debe ser acompañado con acción,
Si no, ¿Quién le muestra a Cristo a toda la gente?

Cuando se ayuda, las personas se sienten mejor
Si personalmente les tiende la mano,
Si comparte con ellos con amor
Y les dice, "Cristo te ama mi hermano".

Quizá sintamos que estamos haciendo bien
Palmeándonos los hombros y acallando la razón,
Y bendecimos y enviamos a uno en vez de cien
Contristando al Espíritu pues rehuimos nuestra obligación.

¿LE GUSTARIA SER UN HEROE?

No necesita volar en las alturas,
Ni moverse a gran velocidad,
Ni andarse subiendo a las esculturas
En los grandes edificios de la ciudad.

Los héroes dedican su tiempo y esfuerzo
A ayudar a los más desvalidos,
Luchan y derrocan a los opresores
Dando libertad a los oprimidos.

Usted también puede ayudar almas
Arrebatándoselas a un ser malvado
Que se opone a que sean salvas
Y las mantiene oprimidas en el pecado.

Son personas que caminan perdidas
en un mundo que un día fue nuestro,
pero nuestras vidas fueron redimidas
con el toque de amor del Maestro.

Revistase con el manto de la humildad
Y no se conforme con traer a alguien al templo,
Tráigalo al amor de Cristo y su bondad,
Conviértase en héroe, predíqueles con el ejemplo.

NUESTRA MISION: EVANGELIZAR
Idea de Filipenses 1:19-20

Cuando aceptamos a Cristo como nuestro Señor,
Dios inmediatamente nuestro pecado indulta,
pero podemos seguir causándole dolor,
gloria o vergüenza con nuestra vida y conducta.

Se nos ha dado el más grande privilegio
de a las naciones Su Palabra dar a conocer.
El demostrar Su amor a un mundo necio,
no solo es ganancia, también es deber.

El que tenga a Cristo, diga, **¡Amén!**
¡Gloria a Dios!
Pero eso la maldad del mundo no merma,
vamos afuera dirigidos por El,
pues El busca a la gente de pecado enferma.
Y si hallados dignos queremos ser,
que el predicar Su verdad sea nuestro emblema.

El ser llamados a servirle a Cristo
No es una cuestión de suerte.
Es mi disponibilidad para glorificarle,
Ya sea con mi vida o con mi muerte.

PALABRA FIEL
Tito 3:4-7

Antes de Cristo,
La gente miraba a Dios como un Rey y le temía,
A la mención de Su nombre el mundo se estremecía.
Hasta que Cristo nos mostró al Dios Padre,
No de la justicia que nos perseguiría
Sino de su gran amor que nunca nos abandonaría.

El amor y la gracia de Dios,
Dones que el hombre solo nunca puede alcanzar,
Es solo a través de Su gran bondad
Que El mismo no lo viene a dar.

Es a través de Su iglesia
Que Dios se proyecta a la humanidad,
Es el Espíritu Santo moviéndose dentro de ella
Llevándola inexorablemente a la santidad.

¿Cuál es la esperanza del cristiano?
Esto es algo sencillo de decir,
Aunque en esta vida presente
Caminemos con Cristo de la mano,
Tenemos la esperanza
De una vida plena por venir.

Te tengo una pregunta mi hermano
Y perdona mi atrevimiento de amigo.
Si Cristo se entrego por todos,
¿A cuántos quieres llevar contigo?

SALVADOS PARA SERVIR
1 Tim. 1:12-15

Es para el servicio y no para el honor
Por lo que Cristo nos ha elegido.
Vamos adelante con la fuerza de nuestro Señor
Sin detenernos hasta haber cumplido.

Qué gran misericordia tuvo Cristo de mí
Que aun siendo de este mundo lo peor
Su gracia por completo me cubrió al fin
Y por fe ahora disfruto de Su amor.

Quisiera el pasado olvidar, pero no debo,
El fango que a mi vida controlaba.
Así, mas aprecio la gracia que ahora tengo
Y con mas gozo al Señor mi alma alaba.

Esto que el Señor ha hecho conmigo
No puedo guardarlo solo para mí,
De aquí en adelante su ordenanza sigo
De Su hermosa Palabra dar a conocer
A conocido o extraño, a pariente o amigo
Por Su gran amor, traerlos a sus pies.

Hay alturas que humanamente
Muchos nunca lograremos escalar
Pero Cristo vino lleno de amor
A todo el mundo de pecado salvar
Y su poder transformador
Puede traer a nuestra vida santidad.

¡CORRA LA VOZ!
Jorge Avalos

VAMOS A EVANGELIZAR

..."Ocúpese de su propia salvación"
¿Qué quiere decir esto?
Ocuparnos en los asuntos de Dios y Padre nuestro
Y uno de ellos es la evangelización.

Pero a nosotros,
Que ni por accidente se nos hable de evangelizar
Porque sacamos nuestro libro de excusas;
Cansancio, trabajo, familia, una lista sin parar.
Hermano, ¿cuál de ellas usas?

Cristo ordena, el pastor invita,
Si no me cree, lea La Palabra,
Lo que debe de hacer ahí se le indica
Está bien explicado, ya no se resista.
Pero siempre tenemos un "ahorita"
Y el peor del caso, "mejor mañana".

El que sabe hacer lo bueno y no lo hace,
Como pecado le cuenta.
Y una fe sin obras, por mucho que se hable
No deja de ser, una fe muerta.

Vivamos una vida recta en un mundo torcido,
Y los mandamientos de Cristo, no echemos al olvido.

De acuerdo,
Hay muchas trampas que el mundo nos tiende
Pero no nos obliga solo si usted quiere.
Tenga mucho cuidado, póngase muy listo,
No sea que por desobediente,
Otra vez, crucifique a Cristo.

EL GRAN MISIONERO

Hubo una vez un hombre
Proveniente de humilde cuna,
Algunos le llamaban orate
Pues creían le afectaba la luna.

Ni aun su propia familia
Tan buena y tan querida
En su mensaje creyó,
Pero esto no lo detuvo
Y por los campos anduvo
Anunciando la venida del Señor.

Su mensaje era sencillo
Pues hablaba del Amor,
Concepto poco entendido
Así como el Reino de Dios.

Estaba tan ocupado en la obra
Que a veces no comía,
Y muchas noches orando
Que tampoco casi dormía.

Aunque murió muy joven
Nos dejo un legado de luz
Porque en ese tiempo
A los valientes y radicales
Los colgaban de una cruz
En medio de los impíos,
Como burla, en su epitafio escribieron,
"Rey de los judíos"

Y nosotros hermanos
Con nuestro gran "conocimiento"
Y nuestro más hablar,
¿Hasta dónde estamos dispuestos a llegar?

HORA DE COSECHAR

Entonces Jesús les dijo a sus discípulos: La cosecha es abundante, pero hay pocos obreros. Así que pedidle al Señor de la cosecha que envié obreros a su cosecha. **(Mt. 9:37-38)**

Allá afuera hay un mundo lleno de personas
Que necesitan desesperadamente salvación.
Y escuche esto: ¡Cristo no puede
Venir de nuevo a hablarles del Reino de Dios!

El se fue al cielo después de morir
Por todos los pecados que yo cometí,
Pero aun así se fue a preparar lugar
Para todo aquel que le quiera seguir.

Ahora quedamos todos nosotros
Para ese gran desafío completar,
La cosecha no se siega sola
Se necesitan obreros para cosechar.

Crucemos mares y montañas.
Crucemos la barda del vecino.
Tanto a amigos como a desconocidos
Mostrémosles el verdadero Camino.

Vamos a tomar nuestra cruz del diario,
De la Palabra de Dios seamos hacedores.
Corramos la voz de esta gran noticia,
Que Cristo murió por la salvación de los pecadores.

Ahora hermanos, si todos somos salvos,
Lancémonos a esta tarea, no por obligación,
Sino por agradecimiento a nuestro Salvador,
Llenos de Su Espíritu y Su gran amor.

**¿Nos atrevemos todos a levantar la mano
Y decir, "Heme aquí, yo iré Señor"?**

LA UNION EN CRISTO
Marcos 15:37-38
Hechos 10:34

Uno de los problemas que tenemos los humanos
Es nuestra selectividad de con quién nos juntamos.
Si alguien es diferente a nosotros, le pintamos una raya.
En nuestra casa y persona nos rodeamos de una valla.
(En buen mexicano, una barda)

Cristo se juntaba con los pobres, con personas atribuladas.
Fue criticado por compartir con adulteras y comer con rateros.
Atendiendo las penas de todos, eran largas sus veladas,
Y lo más tierno de Él, es que a nadie le puso peros.

Cristo dio su vida por cada uno de nosotros
Para que ya no haya más distinciones.
Dios nos ama tanto, que no quiere
Que entre sus hijos haya más divisiones.

Se acabaron las diferencias de raza y sexo
Que la religiosidad mostraba ante Dios.
Cuando Cristo en la cruz exhalaba su último aliento,
El velo del templo se rompió en dos.

Vamos a contar al mundo la historia de Cristo,
Que tenemos un Dios que realmente nos ama,
El cual nos está llamando a servirle hoy,
No esperemos a mañana

¡Aprovechemos la imparcialidad de Dios!

MÁS ALLÁ

Los bosques y valles
A nuestro alrededor
Nos muestran su belleza
Su gran esplendor.

Sentados en el porche
De nuestra comodidad
Cerramos nuestros ojos
a la gran necesidad
sin siquiera preguntarnos,
¿Qué hay más allá?

Pero hay quienes se atreven
A obedecer la comisión
No importándoles lo que venga
O les pueda pasar
Solo dejándose guiar
Por el amor en su corazón.

Por los temerarios que van mas allá,
Por los que no se conforman
Con la comodidad del hogar
Y almas que están sin Cristo
Con valor salen a buscar.
Por esos hermanos,
Los que nos quedamos,
Debemos orar.
Ah,
P. D. Dicho sea de paso,
También hay que cooperar.

MISTERIO DEVELADO

Regocíjense todos los pueblos
Pues el gran secreto de Dios ha sido revelado,
Resuenen trompetas de júbilo
Porque el gran muro ha sido derrumbado.

A las almas solitarias, llevémosle compañía.
A los corazones tristes, inyectémosles alegría,
Transmitámosles la gracia que nos ha sido dada
Cuando pasamos a ser salvos después de no ser nada.

Qué gran privilegio, el ser elegido para servir,
Así como lo hizo Cristo, cuando vino por mí.
Suéltense lenguas, talentos, despierten ya,
Que llegó la hora de empezar a marchar.

Preparémonos y regocijémonos hermanos,
Que el camino no es fácil, si el pueblo es probado.
Más fiel es Dios y su legado.
Sea la salvación nuestro estandarte de victoria
Y el padecer por Cristo nuestra gloria.

SI PUDIERA

Si yo fuera pintor dibujaría
Una sonrisa en el rostro de la gente
Y si fuese sabio, un pensar positivo
En el fondo de su mente.

Pero veo amargura
Adherida sobre la cara
Mirada perdida y una mueca
De quien no espera nada.

Resentimiento cargado sobre los hombros,
La tristeza colgando de las manos
Y una desesperanza atada a la cintura
Arrastrando a nuestras espaldas
Y mucho más atrás
Sueños harapientos, descuidados desgarrados.
Siguiendo nuestros cansados pasos
En espera de tan solo una mirada.

En qué momento y de qué modo
La vida se volvió carga
En vez de bendición.
Que fuerza extraña de nuestro ser
Se apoderó,
Y que motivo dio muerte
A la ilusión.

Quiero saber como
Si es que hay algún modo
La alegría en los corazones infundir
Y poder adueñarnos de nuestra infancia
¡¡¡Esas ganas de vivir!!!

Cristo es la respuesta
Para todo nuestro sufrir
Cuando del cielo bajo a este mundo
Para por nosotros morir.

Y ahí en la cruz del calvario
Con su sangre nuestro pecado borró,
Y por medio de sus dolorosas llagas
Todas nuestras dolencias sanó.

Si aun no lo conoces, acéptalo.
Si ya lo tienes, compártelo.
Si no lo entiendes, estúdialo.
Doblégate, ríndete y amalo.

ALELUYA
10 de Julio, 1987

Aquí estoy yo para servir
A mi gran Dios,
Todo mi cuerpo,
Todo mi ser
Es para Él.

Aquí estoy yo,
Aquí estoy yo.
Para no dar más
Que amor.
Para servir
A mi creador,
Para amar a mi Salvador.

Hagamos coro,
Hagamos oración
Y demos gracias
Al Rey de la creación.

Hagamos coro
Todos juntos ya,
Aquí esta Dios
El nos salvará.

Porque si alguien
Te habla de amor,
Eso es lo mismo
Que quiere Dios.

Dios es amor,
Amor es Dios,
ALELUYA a mi Salvador.

DOS FUERZAS
1 Juan 5:18-20

Tenemos un enemigo muy activo,
Pero también tenemos un guardián vigilante.
El uno trata de que no estés vivo,
Y el otro nos ayuda a echar pa' delante.

El uno del mundo es príncipe
Y vino a matar, hurtar y destruir.
El otro de la gloria de Dios es partícipe
Y dio su vida para el mundo pecador redimir.

El Diablo al mundo ataca sin piedad
Y quien le sigue perdido se halla.
Mas los que han aceptado de Dios su bondad
Nunca jamás perderán la batalla.

Cristo a los que le reciben les guarda
Y el diablo, aunque quiera, no los puede tocar.
Y Su Espíritu hace que nuestra alma de Su fuego arda
Ungiéndonos de Su amor para a su lado podernos llevar.

Gracias Cristo, por tu entrega tierna
Y por habernos dado el discernimiento
Y entender que el alcanzar la vida eterna
Es solo a través del verdadero conocimiento:
Dios.

EL JABON LAVA ALMAS

Ap. 7:14

"Habían lavado sus vestiduras y las habían dejado blancas en la sangre del Cordero".

¿Y cómo me beneficio del sacrificio de Cristo?

Si, deseo un cambio en mi vida,
Me avergüenza todo lo que he sido
Y de las cosas malas que he hecho
Me siento muy arrepentido.

Me dicen que Cristo vivió y murió por mí
Para que no me perdiera, para mi salvación.
Y si esto es cierto y las cosas son así
Me declaro culpable y le pido perdón.

Necesito que El me limpie todo lo sucio
Y quiero apropiarme de Su grande amor.
Hoy en este día al pecado renuncio
Y por fe declaro a Cristo mi Señor y Salvador.

Oh! Ahora entiendo que debo hacer para que viva
Sin lo cual el sacrificio de Cristo de nada me serviría
Y para que su gracia en mi sea completamente efectiva
La decisión de aceptarlo debe de ser solo mía.

ORACION DEL PECADOR

Quisiera tener una voz hermosa
Y venirte a cantar
Del Espíritu una prosa
Frente al altar.

Soy un pecador,
Que a nuestro Dios
Siempre ha ofendido.
Y hoy, postrado a tus pies
Te pido perdón,
Estoy arrepentido.

Mira buen Jesús mi necesidad,
Postrado en tu altar, dame tu bondad.

Señor, hay tantas cosas
Que quiero decirte
Cuando voy a orar.
Pero solo dos palabras
Salen de mi boca
Y empiezo a llorar.
Perdón, por mis grandes faltas y
Gracias, por tu bendición.

PRE-JUICIO DE CRISTO

Desde el principio de la humanidad
La justicia no ha sido impartida
Con todo su rigor,
Siempre le ha dejado
Una puerta de salida
Al desobediente, al infractor.

Dios en su gracia y gran amor
Al hombre ha amado de una forma tal,
Que el envió a su Hijo
A emitir un juicio
Antes del gran final.

Cristo, no queriendo perder a nadie,
Pago nuestro merecido castigo
Y en una cruz de madera murió,
Pero antes de volver al Padre,
De donde había salido,
Esta frase salvadora pronunció.
"Padre, perdónalos, porque no saben lo que hacen"

TESTIMONIO DE DIOS
1 Juan 5:9

¿A quién le damos más credibilidad,
Al testimonio de los hombres
O al testimonio de Dios?

Debemos de conocer la verdad
Porque la mentira tiene diferentes nombres
Pero Cristo es el camino mejor.

Cristo, no solo vino a salvarnos,
Sino también vino a darnos Su paz.
Para que de pecado no volviéramos a enfermarnos
Y poner nuestra confianza en El que es veraz.

Las escrituras dan testimonio de El
Y el mismo Dios Padre es Su testigo.
Y el Espíritu Santo a Su palabra fiel
Hoy quiere una palabra conmigo y contigo.

Si el prometió nunca dejarnos solos,
¿Por qué te quejas de soledad?
Si el prometió darnos fuerzas,
¿Por qué te escudas en tu debilidad?

Si en El está la verdad,
¿Por qué te quejas de engaño?
Si algo te sale mal,
No es para que llores por todo el año.

Y después de hoy, ¿De qué te vas a quejar
Si Cristo ya te sacó del pozo?
Dios es fiel, digno, misericordioso...
No blasfemes, porque con tus acciones y actitudes
A Dios llamas veraz o mentiroso.

Cree en El.
Confía en El.
Entrégate en sus manos.

LA PAREJA IDEAL

Con una mirada sus corazones unidos quedaron
Por un sentimiento naciente muy especial,
Los ángeles del cielo a coro cantaron
Cuando cada uno encontró en el otro su ideal.

En las manos de Dios su amor colocaron
Pasando a ser parte del sacerdocio real
Y a predicar del amor de Cristo se lanzaron
Mostrándolo al mundo con pasión sin igual.

Se entregan con alma, corazón y mente,
Para que a través de ellos a Cristo vea la gente
Porque a la manera de Dios siempre es mejor.

¡Para Cristo sea el honor y la gloria!
Ya que viven su vida de victoria en victoria
Pues el Espíritu Santo la controla con amor.

ACCION DE GRACIAS

Gracias, Padre amado
Por darnos la oportunidad
De llegar a tu presencia,
Nos acercamos a ti con humildad
Reconociendo Tu gran bondad,
Tu misericordia y omnisciencia.

Perdona nuestra iniquidad
Y también nuestra indiferencia
A tu palabra de verdad,
Somos faltos de toda ciencia
Y recubiertos de maldad.

Padre, ayúdanos a ser
Hombres de compromiso
Que podamos entender lo que Cristo quiso
Que llegásemos a saber.

Danos la sabiduría
para descubrir Tu pensamiento
para ser fieles a Tu guía
sin tener queja ni lamento
sino alabanza de noche y de día.

En el hogar,
Hombres queremos ser,
Real sacerdocio tuyo

Al lado de nuestra mujer
Llenarnos de sano orgullo
Viendo a nuestros hijos en ti crecer.

En Tu iglesia,
A ayudarnos unos a otros mutuamente
Del fuerte al que más débil parece
Reconociendo que tú eres la fuente
De donde nuestra fe se alimenta y crece
Y la damos a conocer a la gente.

Más que vencedores somos
En Cristo que nos da la vida
Y podemos seguir así
Si Tu manto cubre nuestros lomos
Y no se nos olvida
Que dependemos completamente de ti.

ENSÉÑAME
3 de Julio, 1987

Señor, enséñame a vivir.
Señor enséñame a amar
Y a respetar.

Señor, enséñame a elegir
A mis amistades,
Que siempre me sean leales
En alegrías y males
En calma y tempestades.

Señor, enséñame a perdonar
A quien me ofenda,
A quien me humille.

Señor, enséñame a que comprenda
Y a que evite
Lastimar a alguien,
Con mis palabras
Y con mis hechos,
A hacer el bien
Sin mirar a quien.

Y sobre todas las cosas,
Señor, enséñame el sendero,
el camino verdadero,
A ser puro y sincero
Para llegar a Ti...

REVELACION

Me obligo a decirte
Lo que se me ha dicho:
Aprende para que enseñes,
Enseña para que aprendas. (DOBLE BENDICIÓN)
Expón sin imponer,
Impone sin exponer. (EJEMPLO VIVO)
Argumenta para defender,
Defiende sin argumentar. (SABIDURÍA DIVINa)
Crece escuchando,
Escucha creciendo. (MADUREZ)
Mira de abajo hacia arriba
Y de arriba serás mirado. (HUMILDAD)

A MI ESPOSA

Muchas veces al correr del tiempo
No apreciamos a quien está a nuestro lado,
Pero hoy quiero dar gracias a Dios
Porque por El, eres lo mejor que me ha pasado.

Decidí un día amarte plenamente, sin reservas,
Tontamente creyendo que quizá me arrepentiría.
Si en las altas y en las bajas de la vida
De nuevo tuviese que escoger, a ti eligiría.

Despeja las nubes de la duda
porque tú y yo, somos uno,
y te aseguro que te sigo amando
aunque no prepares mi desayuno.

ERES TU MADRE

Luna blanca
de suaves destellos,
de tierna mirada
y rayos tan bellos.

Manantial de agua clara
de frescura sin par,
donde llega el sediento
su sed a calmar.

Cielo claro transparente
de nubes de algodón,
fuente de sabiduría
a quien mira con el corazón.

Sol de rayos cálidos
que quitan el frio con su calor,
y la vez sombra
que me protege con amor.

Mar de suaves olas
que arrulla en mí navegar,
y me lleva por buen camino
para que no vaya a encallar.

Roble de altura y majestad
que ni el viento mueve al pasar,

que detiene tempestades
y hasta huracanes puede apagar

De mente abierta,
un libro sabio.
Un buen consejo
y alegre labio.

Flor hermosa de pétalos finos
aroma sutil de perfume entero,
miel más dulce que ella misma,
un color y hablar sincero.

Tierna, dulce, bondadosa,
amable, sincera, comprensiva,
linda, clara, hermosa,
te tengo y estas viva.

Tantas cosas que quiero decirte
que no son nada a tu lado,
las palabras son muy pocas
si de ti se ha hablado.

El amor que tú nos das
no hay nada que se le compare,
sencilla y grande en tus cosas
y te quiero a ti…MADRE.

50 ANIVERSARIO

De amante de la vida
Poeta y trovador
A tu lado tengo mejor parte
A ser tu esclavo y señor.

Después de 50 años a tu lado
Mi amor por ti crece y crece
Deseo otros tantos para demostrarte
Que mi vida solo a ti te pertenece.

Amarte a la distancia
con miradas llenas de amor
y enviándote bajo las piedras
toda mi alma y mi corazón.

Si, chat, internet, facebook,
Ni los uso, ni los leo,
Dentro de mis mejores recuerdos
sigo añorando mi correo.

Si no podía verte
Salía a caminar al campo,
Para sentir a través del viento
El suave murmullo de tu voz
Y el arrullo de tu cálido aliento.

Si un día te ame poco, fue ayer,
Porque hoy te amo más.
Y hoy no llega ni a la mitad
De lo que mañana te voy a amar.

Nuestros hijos ya han hecho su vida,
Como empezamos quedamos, solo tú y yo.
Siguiendo adelante hombro con hombro
Y reconociendo que eres una bendición de Dios.

Si te regalara un ramo de rosas
Más que un bien, un mal les haría,
Si tan solo al verte de frente
Tu esplendor y tu belleza las opacaría
Porque eres la flor más hermosa
De toda la serranía,
Pero mayor bendición tengo yo
De tenerte como esposa mía.

¡¡¡suertudote que soy!!!

La belleza de la mocedad
Buscada por los jóvenes, no perdura,
La verdadera belleza interior
Se adquiere y aprecia en la edad madura.

LOVELY HALF

One more year and you still fighting
Like a knight in a shining armor
Making count each day that comes
doing little things that I don't abhor.
Making me mad with your craziness
Just being the woman I adore.

I don't know what brings tomorrow,
Or if somewhere there is forever.
I just give thanks to God
From the day He has kept us together,
And praying him to fuel the fire
Going through life, holding us each other.

MADRE

Tan fuerte como un roble
Que me protege de la tempestad
Y tan tierna como un riachuelo
Que suavemente acaricia
En su caminar.

Levanta su casa cual castillo medieval
Con ojo vigilante mirando la lejanía
Preparándose para dar batalla con Dios
A lo que amenace nuestra armonía;
Su defensa, la Palabra
Y su ataque, el Amor.

Jardín de olores fragantes
Caricias de pétalos en flor,
Después de Cristo,
La forma más sublime de Dios
Para demostrarme su amor.

Ella es mi causa, mi fundamento.
La guía ideal para que mi vida encuadre,
Aunque sea un mal hijo,
De sus labios no brota lamento,
Sino palabras de aliento.
Dios me abraza a través de mi madre.

CUAL RIO CAUDALOSO

Empezaste con el suave roció de la montaña
Viendo desde entonces tú meta en el mar,
Sin hacer ningún caso de palabra extraña
Que quisiera impedirte tu sueño lograr.

Desde entonces has venido de menos a más
De ser solo unas gotas a un grande caudal
Tu visión compartes a quien quiera escuchar
Sabiduría que brota en constante raudal.

A la fuerza de tu verdad
Los obstáculos ceden apresurados,
Piedras que se parten por mitad
Que pusieron en tu camino los malvados.

Quisieron hacer de ti una represa
Y con fuertes muros poderte controlar,
Pero de tu interior brota una fuerza
Que por medios humanos no es posible parar.

Con ahincó y sin desmayar sigue luchando,
avanza soldado, ¡no puedes detenerte ahora!
Un lugar muy especial te está esperando
Donde las olas son suaves y la paz mora.

El cometido del rio es llegar
Con la más agua posible a la mar.
El tuyo es para Cristo ganar almas,
que lleguen a ser por su gracia salvas
y de su reposo puedan disfrutar.

EL DÍA DEL PASTOR

El día del pastor se aproxima
Y no llega la hora que escriba.
Señor, ¿Qué puedo escribirle
Que el bien reciba?

Me gustaría exaltarle
Por su trabajo de día a día,
La pasión y el amor que pone
Al exponer tu palabra en la homilía.

Como aconseja a cada uno, sanando,
Tratando de no causar ningún daño.
Mira que ha soportado las presiones externas
Pero no ha entregado a tu rebaño.

También
No, dijo, que la gloria es mía,
Solo anímalo y exhórtalo de vez en vez
A seguir adelante, pues mi siervo es,
Y estamos en perfecta sintonía.

Solo dile:
Siervo mío, estoy aquí,
Ich liebe dich

MI PASTOR

A veces a paso lento
Pero con firmeza de soldado.
Tu mirada puesta en la meta
Siguiendo el mapa
Que un día fue trazado;
El día que vino Cristo a tu vida
Y escuchaste su llamado.

Quizás en algunas ocasiones
Nos des una sonrisa medio cansada
Pero no sabemos que son tus oraciones
Que haces en medio de la madrugada,
Porque Dios y la iglesia son las razones
Que mantienen tu vida ocupada.

A tu lado, la ayuda idónea,
Pues sigues siendo humano.
Aquella que tu hombro palmea
Y si vacilas te da la mano,
La cual de ningún modo titubea
Si hay necesidad en un hermano.

Primero a Dios gracias les doy de corazón
Porque me han mostrado amor.
Y es un especial orgullo
El poder llamarte
"mi pastor"

MI REFUGIO, MI FUERZA

Deuteronomio 33.27
El eterno Dios es tu refugio, y acá abajo los brazos eternos.

Si confiamos en nuestra propia fuerza
Podemos caer fácilmente, sin pensar.
Las tentaciones son fuertes, no lo podemos negar.
Los caminos de este mundo son atractivos,
Con una mirada furtiva, un roce,
una negación susurrada de la verdad,
nos tambaleamos y al suelo vamos a dar.

Pedro pensó que podía seguir a su Señor
hasta la muerte, el mismo se engañó.
Al estar en el patio y le preguntaron por su Salvador
el en su propia fuerza se apoyó
y a su Maestro tres veces negó,
pero Cristo, aunque triste, su camino siguió.

Cargando Su cruz,
Cristo siguió el camino de la salvación.
Cuando clavaban sus manos al madero,
Cristo ofreció su vida para salvarnos, con amor,
A todos los que estábamos en pecado.
En Cristo, Dios mismo se ha puesto
para estar cerca cuando caigamos.
sus brazos están aun abiertos,
ahorita mismo, esperando para cacharnos.

Pedro, al fin, esto de Jesús descubrió.
Después de negarlo, estaba pescando en el lago
Cuando a la orilla le vió.
Era su Señor, ahí listo para sostenerlo
Y se dio cuenta que lo perdonó.

Cuando los cristianos tropiezan, caen hacia adelante
A los brazos de nuestro Salvador, lo sabemos.
La palabra de un hermano, un versículo de la escritura,
La respuesta a una oración,
Son las manos de Dios,
Cachándonos cuando caemos.

Levántate pues y sigue
Ya no confiando en tu propia fuerza,
Sino en la fuerza de Dios.

NIÑEZ QUEBRADA

Levantarse al clarear el alba
dispuesto a corretear el bolillo,
con sonrisa inocente y clara
pues apenas es un chiquillo.

La necesidad en casa es latente
y en vez de ayudar murmura la gente.
Ver madres solteras es cosa corriente
pues alguien de promesas endulzó su mente.

Ver a un niño trabajar, no es cosa rara,
pues el trata de ayudar a su madre
por culpa de un cobarde que nunca dió la cara
y que al final del día quiere llamarse padre.

Mirada tierna, carita de ángel.
Una pregunta ensombrece su inocencia
y trata de olvidar a aquel
el cual brilla por su ausencia.

Dame discernimiento Señor,
para no lastimar a un corazón inocente.
Quítame el egoísmo para darte a conocer
y a los que sufren hacerles saber
que Tu amor es suficiente.

Hermanos, si sabemos que Cristo es la solución;
¿Hasta cuándo vamos a esperar para llevarlo?

PAPÁ

Llegas a casa
creo que estás enojado.
¿Acaso alguien te molestó en el trabajo?
¿Por qué no me hablas?
Yo no estuve ahí.

Juegas y sonríes con mis hermanos menores
Tienes una bonita sonrisa.
¿Me dedicas una a mí?

¿Tú no sientes raro
Viviendo bajo el mismo techo
Y mirándonos como extraños?

Sabes, hoy aprendí algo nuevo en la escuela
Me siento contento y te lo quiero compartir.
Perdón, no sabía que de este tema
No te interesa y no lo quieres oír.

¿Para qué me mandas a la escuela?
Si en una conversación comparto lo aprendido
Criticas mi intromisión
y no dejo de ser un estúpido.

En mi cabeza de adolescente
Hay muchas preguntas sin respuesta

Mi cuerpo está cambiando
Y algunas cosas me dan vergüenza.

Quisiera que tú me aseguraras
Que todo es parte de un proceso normal
Pero tengo que tragarme mi pena
E ir a preguntarle a mamá.

Yo solo quiero hacerte un padre orgulloso
Pero no se qué esperas de mi
Trato, pero en tus ojos,
Nunca hago nada bien.

Te molestas con aquellos
Que no comparten tu misma opinión,
Ya sea en la vida diaria,
Campo, política o religión.

Dios nos creó a todos diferentes
Y nos mandó a la tierra poblar
Para que viviésemos en armonía,
¡No podemos con todo el mundo pelear!.

Creo que voy a morir esperando
La frase que siempre te he querido oír
¡Hijo, te amo mucho
Y estoy muy orgulloso de ti!

QUINCEAÑERA

Hermosa niña, bella mujer,
gracias a Dios le damos
por permitirnos verte crecer.
Por disfrutar cada etapa tuya
y ahora al fin que tienes alas,
ver tu vuelo emprender.
Pero antes, pon mucha atención,
que algo debes de saber.

Evita lo que ofrece el mundo y su vanidad
porque todos sus caminos causan dolor,
mejor que tu deleite sea el Señor
y que se escuche a Cristo a través de tu hablar.

En cuanto te sea posible, mantente calma,
trata al prójimo con amor y recta actitud,
cultivando los campos del alma
y cosechando el fruto del Espíritu con solicitud.

Y no te olvides de tu creador
en estos días de tu juventud.
Dale la gloria, la honra y todo tu amor
y tendrás una vida en victoria y plenitud.

SI PUDIERA

Si yo fuera pintor dibujaría
Una sonrisa en el rostro de la gente
Y si fuese sabio, un pensar positivo
En el fondo de su mente.

Pero veo amargura
Adherida sobre la cara
Mirada perdida y una mueca
De quien no espera nada.

Resentimiento cargado sobre los hombros,
La tristeza colgando de las manos
Y una desesperanza atada a la cintura
Arrastrando a nuestras espaldas
Y mucho más atrás
Sueños harapientos, descuidados desgarrados.
Siguiendo nuestros cansados pasos
En espera de tan solo una mirada.

¿En qué momento y de qué modo
La vida se volvió carga
En vez de bendición.?
¿Que fuerza extraña de nuestro ser
Se apoderó,
Y que motivo dio muerte
A la ilusión?

Quiero saber como
Si es que hay algún modo
La alegría en los corazones infundir
Y poder adueñarnos de nuestra infancia
¡¡¡Esas ganas de vivir!!!

Poemas para "Mas que vencedores"

(Esto esta escrito con la intención de hacer un pequeño drama. Las dos primeras conversaciones pueden ser cambiadas por algo menos serio, pero la ultima de preferencia no. Dios bendiga)

DD- Hey, Tu, ven aquí.

M- ¿Quién? ¿Yo??Me hablas a mí?

DD- Claro que a ti, ¿A quién más?
　　　Oí que quieres ir al cielo
　　　Y para eso tienes que aprender a volar.

M- Pero no tengo dinero
　　　Para unas alas comprar.

DD- Oh, tranquilo carnal
　　　Este va por mi cuenta.

M- ¿Y si necesito más?

DD- Uuh, que fijao
　　　Tengo mucha para la venta.
　　　Mejor échate un toque
　　　Y veras lo que se siente.

M- A ver pásala (fuma)

DD- ¿Qué tal, como te sientes?

M- Pos no siento nada.

DD- Si esta es de la mera buena carnal,
    Te pone a volar chido.
    A ver, jálale otra vez.
    ¿Qué sientes?

M- Nada, no siento nada.
DD- Pero si...
M- No siento nada, ni la cabeza,
    Ni las manos, ni los pies.
DD- Ya andas en la luna carnal.
M- Pero te sigo todavía viendo,
    Ya me está dando hambre
DD- Nooo, sii?
    Qué raro.

El vendedor de droga se empieza a alejar y otra persona se acerca al mendigo.

Poli- No carnalito, no te metas con esas cosas,
    Mejor vente y échate unas chelas, eso te hace daño,
    Acá con los cuates, nos divertimos
    Chupando tranquilos.
Bertín- Si carnal, con nosotros puro deporte
    Cada fin de semanita,
    Levantamiento de tarro.
Poli- Aquí, viendo el futbol
    Y el que pierda paga las ostras.
Bertín- Ya hicimos una tanda
    Para el próximo mundial apoyar a nuestra selección.
Poli- El que gane de nosotros

Se va a seguirla a donde vaya.
Porque esta vez, me canso que si
Queda de campeón.
Bertín- Yo les digo a mis cuates
Que hay que estar listos
Por si le atinamos a los pronósticos.
Poli- Me late que esta semana le atino,
Si no me falla el chicharito.
Bertín- Un charal esta dulce pa' este
Poli- Pero que tal con las nenas?
Ahí ni quien me gane.
Bertín- Bueno compadres me tengo que ir al camello
Poli- Chido compadre
M- Yo también ya me voy
Bertín- Hay nos wachamos luego. (se va)
Poli- A que mi compadre, le gusta jugar con fuego,
Dejara de ser Gonzales.
Uste échese otra, ya se va a acabar don Francisco (y siguen charlando)
Segunda escena:

Amanece el mendigo junto a un poste y bien crudo y desorientado. "Que frio hace y que dolor de cabeza" junta papeles para cobijarse. "Algún día me cambiara la suerte" se acurruca junto al poste.

Al salir el sol, viene una cristiana por la banqueta con su hija tomada de la mano y le saca la vuelta con claro desprecio.

- Apúrate mija, que vamos a llegar tarde a la oración y luego el pastor nos regaña. Hazte para acá mi amor, no sé porque el gobierno permite estas gentes en la calle, hablan muy mal de nuestra comunidad.

Viene otro cristiano con Biblia bajo el brazo y se para enfrente
    - Cristo te ama y también te llama a servirle.
M- Y ¿Quién es Cristo?
José – Mira ahorita no tengo tiempo de explicarte. Soy ujier en mi iglesia y tengo que llegar antes que nadie para prepararme. Pero mira, ten este folleto y léelo a ver si entiendes.
Le entrega el folleto, pero evita tener contacto con el mendigo.

José – Ahí te veo.

El mendigo se queda intrigado y hablando en voz alta a la vez que mira el folleto.
Mendigo – ¿Quién es Cristo, quien es Cristo?
Viene por la calle otra cristiana y se para con el mendigo

Mire- Dios te bendiga, Cristo te ama.

M- ¿Quién es Cristo y como es que me ama
    Si ni me conoce y ni me lo han presentado?

Mire- ¡Claro que te conoce!
    Desde antes de ser engendrado.
    Y Dios nos amo de una forma tal
    Que a su hijo Unigénito nos ha dado
    Para que todo aquel que en él cree
    No muera, mas sea salvado. (Juan 3:16)

M- ¿Pero de que me salva?
    Yo nunca he estado entambado.

Mire- Ooh, mira,
    Todo aquel que hace pecado
    Se convierte en su esclavo. (Juan 8:34)

M- A mí nadie me quiere
    Mira nada más mi estado.

Mire- Tienes razón, Cristo no te quiere, ¡Te ama!
    Y no le importa cuánto hayas pecado
    Y el amor que él nos ofrece
    En la cruz del calvario quedó demostrado.
    Lo que promete Dios te lo pone por escrito. (Rom.5:8)

M- aun siendo un don nadie, un cualquiera.

Mire- Si te acercas a Él, El te recibe en sus brazos
    Y aunque lo merezcas, El no te echa fuera. (Juan 6:37)

M- Mira, muy bien no lo entiendo.
    ¿Qué tengo que hacer para que venga a mi vida?

Mire- Primero tienes que creer,
    Y declararlo en un acto de fe. (Rom. 10:9-10)

M- Pues yo creo,
    ¿Y ahora que debo de hacer?

Mire- Ven, repite conmigo esta oración.

> "Señor, reconozco que soy pecador
> Y siempre te he ofendido.
> Me arrepiento de lo que he sido
> Y en este momento te pido perdón
> Y te acepto como mi Señor y Salvador.
> Ven, toma control de mi vida
> Ayúdame a vivir la fe recién adquirida.
> Amén.

Cristo es la respuesta
Para todo nuestro sufrir
Cuando del cielo bajo a este mundo
Para por nosotros morir.

Y ahí en la cruz del calvario
Con su sangre nuestro pecado borró,
Y por medio de sus dolorosas llagas
Todas nuestras dolencias sanó.

Si aun no lo conoces, acéptalo.
Si ya lo tienes, compártelo.
Si no lo entiendes, estúdialo.
Doblégate, ríndete y amalo.

¿EL FIN?

En un abrir y cerrar de ojos, ahorita estamos en el mundo y al siguiente segundo en el mas alla. Solo Dios sabe como es exactamente pero si lo siguiente lo toca, es hora de hacer un cambio.

Alma pecadora – Ah, caray, ¿será esto real o estoy soñando?
Ángel – No varón, esto es real y en verdad está pasando.
AP- Pero Dios, yo siempre te alababa a voz en cuello.
Dios – Si, pero el que lo hicieras en la iglesia
No quiere decir que fuera verdadera alabanza.
Hay tres cosas que no pueden ir una sin la otra,
La gratitud, la reverencia y la confianza.

Debes ser agradecido porque te he salvado.
Ante mi gloria debes ser reverente.
Que aun siendo Todopoderoso te he amado,
Debes de confiar en Mí en vez de la gente.

Quizá esto te lo pueda pasar,
Pues tu capacidad no es como la de nosotros
Pero hay algo que no te puedo perdonar,
Porque ¡El peor pecado es enseñar a pecar a otros!

Has enseñado a tus hijos a mentir,
A desobedecerme a través de tu ejemplo.
Recuerda que puedo ver tus deseos más íntimos,
Conozco tus pensamientos aunque vengas a llorarme al templo.

¡Ay mundo!, que tristeza, hombres crueles.
No quieren entender quien Yo Soy.
No te duermas en tus laureles
Porque si abres la puerta veras,
No tardo, que por ti ya voy.

AP – Pero prediqué tu evangelio al hombre.
D – Pero no me viviste.
AP – Profetice en tu nombre.
D – Pero a veces lo que no te dije, dijiste.
AP – Déjame volver al mundo que ha quedado
Para que conozcan la verdad
Pues hemos vivido engañados.
D – Herramientas al hombre he dado
Para que despierten a la realidad
Pero prefieren seguir encerrados
En una jaula de orgullo
Y se les olvida que mi Hijo les ha amado
Desde su último suspiro
Hasta el último suspiro tuyo.

Jai tak hai jaab!
To the last breath!

www.ingramcontent.com/pod-product-compliance
Ingram Content Group UK Ltd.
Pitfield, Milton Keynes, MK11 3LW, UK
UKHW022220230426